AF252736

CAMILLE LE SENNE

LE RÉVEIL
DE CORNEILLE

POÈME DRAMATIQUE

PARIS

ÉDITIONS & LIBRAIRIE "

40, rue de Seine, 40

PRIX : 0 fr. 75

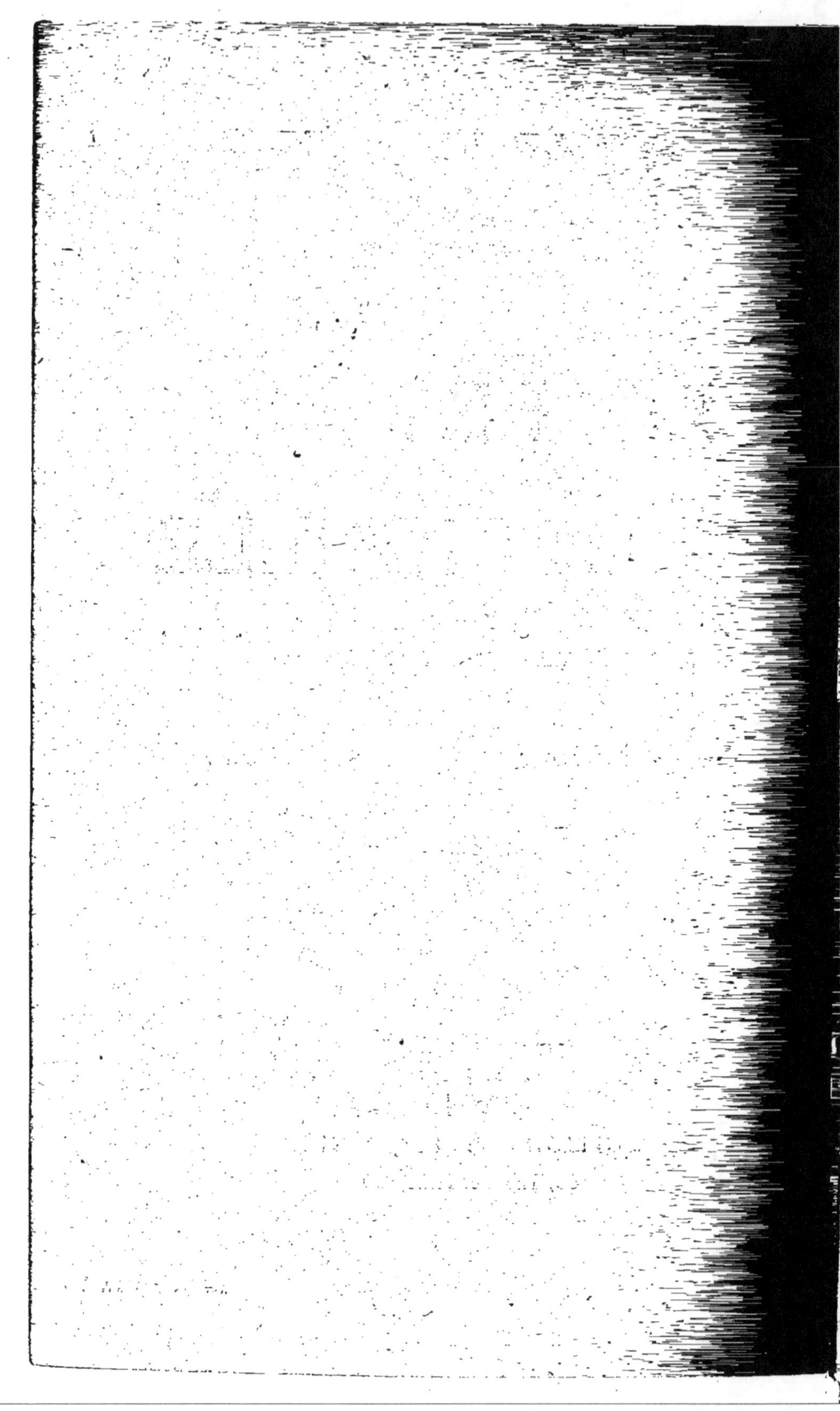

LE RÉVEIL DE CORNEILLE

UN ACTE EN VERS

Représenté pour la première fois sur la scène de l'École des Hautes Études Sociales, le 8 Mai 1916, pour le 310ᵉ Anniversaire de Pierre Corneille.

CAMILLE LE SENNE

LE RÉVEIL DE CORNEILLE

POÈME DRAMATIQUE

PARIS

"ÉDITIONS & LIBRAIRIE"

40, rue de Seine, 40

PERSONNAGES

———

LA MUSE DES GLOIRES . . .	Mlles Margès, de l'Odéon.
LA MUSE DES DEUILS	Guina-Rudel.
PIERRE CORNEILLE	M. Pierre Mathieu.

LE RÉVEIL DE CORNEILLE

Au lever du rideau, Corneille dort dans un fau-
teuil. La Muse des Gloires et la Muse des
Deuils arrivent en même temps, du fond.

LA MUSE DES GLOIRES

La Voix m'a dit : « Descends, car le Père t'appelle. »

LA MUSE DES DEUILS

« Monte, m'a dit la Voix, car le Père t'attend, »
Et je viens joindre ici, ô ma sœur immortelle,
Les pavots de ma nuit aux fleurs de ton printemps.

LA MUSE DES GLOIRES, près du fauteuil de Corneille.

Il dort, mais d'un sommeil que le souci dévore,
Car les morts voient aussi de troublantes aurores
Qui viennent de la terre et causent leur tourment.

LA MUSE DES DEUILS

S'il ne faut pour bercer sa peine
Que l'oubli des terrestres haines,
Crois-moi, ne le réveillons pas.
Je possède tous les dictames :
Quand je me penche sur les âmes,
La douleur s'endort dans mes bras.

LA MUSE DES GLOIRES

Connais mieux, faible sœur, le maître d'énergie.
Ce n'est pas le roseau qui plie
Et cède au toucher du péril :
De plus nobles pensers gonflent son cœur viril.
Je lèverai le sceau qui ferme sa paupière,
Je le ranimerai sans crainte et sans remords ;
Que pour quelques instants il revoie la lumière
Et je lui verserai le breuvage des forts.

           (Elle étend la main.)

CORNEILLE

Que voulez-vous, pâleurs voilées,
Formes à peine révélées
Que j'aperçois à mon réveil ?
Blanche clarté, nuage sombre,
Pourquoi, dans la muette pénombre,

Venez-vous ravir à mon ombre
Le divin bienfait du sommeil ?

LA MUSE DES DEUILS

Père, je suis la Muse au front ceint d'asphodèles,
L'inconsolable sœur des cœurs inconsolés,
Qui garde dans son sein comme un dépôt fidèle
La cendre chaude encor des bonheurs envolés.
Je suis le confident des suprêmes détresses
Qu'on invoque quand rien ne peut plus secourir,
Et, dans l'amer rancœur des perfides caresses,
Tu m'appelas un jour, car tu voulais mourir.
    Alors, pour apaiser ta fièvre,
    Je laissai tomber de ma lèvre
    Le Léthé des sombres pavots.
    Je chantai la noble souffrance,
    L'âpre fiel des désespérances,
    L'orgueil qui calme tous les maux.
    Puis, comme la détresse humaine
    Se berce à l'écho d'autres peines,
    En attendant les jours meilleurs,
    J'évoquai dans l'ombre divine
    Le chœur sacré des héroïnes
    Que marqua le sceau des douleurs.
    Je dis les haines d'Émilie,
    Les noirs pensers de Domitie,

> Médée invectivant les cieux,
> Camille bravant la fortune,
> Le rêve affreux de Rodogune,
> Cornélie défiant les dieux.

Père, je suis restée après toi sur la terre,
Car ici-bas le Deuil ne doit jamais mourir,
Mais, sur mon front pâli, j'ai gardé le mystère.
De la douleur sans fin qui ne veut pas guérir.

LA MUSE DES GLOIRES

> Je suis, moi, la Muse des gloires,
> L'annonciatrice de l'histoire,
> Je suis la compagne au grand cœur.
> Je t'ai connu dès cette aurore
> Où le reflet du soleil dore
> Le front du poète vainqueur.

J'ai chanté pour te plaire à l'heure des tendresses
Le miel que met Eros sur deux lèvres en fleur,
Le charme des amants, le parfum des maîtresses
Et le murmure ailé des propos cajoleurs,

> Ta Mélite goûtant à peine
> Les délices du doux péché,
> La secrète ardeur de Chimène
> Et le tendre émoi de Psyché.
> Mais bientôt une ardeur sublime
> Nous porta, brûlants, vers les cimes

Où le génie a ses autels.
Alors, muse de l'épopée,
J'ai chanté les grandes épées :
Rodrigue, César et Pompée
Et tous les héros immortels.
Père, j'ai rapporté dans mes yeux les étoiles
Qu'à pleines mains là-haut tous deux nous cueillions,
Et si le vent du soir se glissait sous mes voiles,
De mes cheveux épars jailliraient des rayons.

CORNEILLE

Je vous reconnais bien, douces sœurs que j'aimais.
    (A la Muse des Gloires.)
Emporté dans ton vol, j'ai gravi les sommets.
    (A la Muse des Deuils.)
Avec toi j'ai suivi les terrestres chemins,
Ma lèvre sur ta lèvre et ma main dans ta main...
Mais la vie est finie et son triste mensonge.
Pourquoi, toutes les deux interrompre le songe
        De mon repos sans lendemain ?

LA MUSE DES DEUILS

Tu souffres, et mon âme est sœur de ta souffrance.

LA MUSE DES GLOIRES

Tu gémis et ma voix éveille l'espérance ;
        Laisse tout haut parler ton cœur.

Lorsque la brume se soulève
Le cauchemar devient le rêve.
Père, confie-nous tes douleurs.

CORNEILLE

Dans mon songe éveillé, j'entendais, sœurs fidèles,
Sans relâche passer un grand battement d'ailes...

LA MUSE DES DEUILS

Père, c'était le cri rauque de la mitraille,
La clameur effarée des tonnantes batailles.

LA MUSE DES GLOIRES

Père, c'était le vol auguste des victoires,
Inscrivant nos héros au temple de mémoire.

CORNEILLE

Pour répondre à l'appel de ce fracas d'alarmes,
Je ne vois plus qu'enfants et que vieillards, sans armes.
Où donc sont les vaillants, les mâles, les aînés ?

LA MUSE DES DEUILS

Ils sont là-bas, dans l'ombre, à la tâche enchaînés.

LA MUSE DES GLOIRES

Sur les talus croulants, au penchant des ravines,
Ils sortent pour dresser le mur de leurs poitrines.

LA MUSE DES DEUILS

C'est la guerre des loups, la guerre des terriers.

LA MUSE DES GLOIRES

Des entrailles du sol surgit le vert laurier.

LA MUSE DES DEUILS

On combat dans la glaise et dans la boue immonde.

LA MUSE DES GLOIRES

Le sacrifice obscur rayonne sur le monde...
Après avoir rampé et cheminé sans bruit,
Pendant que les vaisseaux maures gonflaient leurs voiles,
Sous la pâle clarté qui tombait des étoiles,
Serrés l'un contre l'autre et muets dans la nuit,
Ils combattaient ainsi, d'un noble sang prodigues,
Père, les compagnons sublimes de Rodrigue,
Les soldats invaincus du Cid Campéador.

CORNEILLE

Oui, combien de grands faits ravis au Livre d'or !
Oh ! combien d'actions, combien d'exploits célèbres
Sont demeurés perdus au milieu des ténèbres
Où chacun, seul témoin des grands coups qu'il donnait,
Ne pouvait deviner où le sort inclinait.
Sur les forts du Brabant quand passa la rafale,
Ainsi périt mon fils, sans qu'à l'heure fatale,
Il sût pour quels drapeaux l'alléluia sonnait.

On le retrouva mort au bord de la tranchée,
Dans sa première fleur espérance fauchée.
Du moins ses yeux ouverts n'ont pas connu l'effroi.
Et Corneille est tombé pour la France et son roi.

LA MUSE DES GLOIRES

Non, père, il vit toujours le vaillant de ta race
Que la Mort effleura de son baiser sanglant.
Peut-être combat-il sur la terre d'Alsace,
Peut-être est-il au guet dans un fossé flamand!
Non, ils ne sont pas morts ses compagnons de gloire,
Ils ont recommencé la course à la victoire
Sous le pavois flottant de nouvelles couleurs.
Lorsque notre pays attend sa délivrance,
Il n'est qu'un combattant, comme il n'est qu'une France
La cocarde a changé, ce sont les mêmes cœurs.
Père, reconnais-les à des marques certaines,
Père, bénis-les tous, soldats et capitaines,
Les assiégés d'Arras, les vainqueurs de l'Yser,
Ceux qui sous Richelieu conquirent la Lorraine,
Ceux qui la reprendront aux geôliers du Kaiser.
Artilleurs et poilus, piquiers et mousquetaires,
Qu'ils portent la casaque ou le bleu d'horizon,
Du même sang prodigue ont arrosé la terre.
Driant et Cyrano ont le même blason;
Les chefs dont la sagesse égale la vaillance,

Reconnais-les, pareils sous des noms différents.
Sur la liste d'airain des sauveurs de la France,
Joffre qui réfléchit, c'est Turenne qui pense,
D'Amade c'est Créqui, Maunoury c'est Rohan.
Champion des grands espoirs et de nobles revanches,
Pétain rejoint Schomberg à l'ombre du drapeau,
Et derrière Condé ceint de l'écharpe blanche
Gassion silencieux sourit à Castelnau.
Exploits victorieux ou fortunes adverses,
La gloire de tes fils sonne au même beffroi.
La Meuse inviolée vaut le Rhin qu'on traverse ;
Le laurier de Verdun est celui de Rocroy.

LA MUSE DES DEUILS

Père, les derniers-nés de la race hunnique,
Les enfants d'Attila, sous le drapeau teuton,
Ont ramené leurs chars aux champs Catalauniques
Et, la hache à la main, ravagé nos cantons.
Dans les prés dévastés, la horde passe et broie ;
La meule, sans merci, écrase les cités ;
La tempête de fer et de feu qui flamboie
Sur les clochers s'abat à coups précipités.
De nos temples sacrés qui gardaient dans leur ombre
Le suprême reflet des peuples prosternés
Les murs déshonorés ne sont plus qu'un décombre
Où gît sous les débris l'idéal profané.

LA MUSE DES GLOIRES

Elles resurgiront les hautes cathédrales !
Leurs voussures seront la couronne murale,
          Offerte aux héros immortels.
Dans l'azur nettoyé des dernières souillures
Leur clocheton poindra, et, comme deux mains pures,
          Les tours se tendront vers le ciel.

Saintes, nous vous rendrons votre profil austère ;
Vous referez le geste éternisé des pierres
          Qui semblent prier à genoux.
L'aube du grand pardon sortira des décombres
Et ce sera la fin du remords quand votre ombre
          S'étendra sur le monde absous.

Nous vous rendrons la joie ardente des verrières,
Les vitraux si profonds qu'on eût dit les volières
          De grands oiseaux d'azur et d'or ;
Nous vous rendrons l'autel embrasé par les cierges,
Les cires qui mettaient au front penché des vierges
          L'éclair d'un mystique trésor.

Nous vous rendrons aussi, murs sacrés, une autre âme,
Une âme qui, brûlant toujours des mêmes flammes,
          Les fera luire encor plus haut ;
L'âme de nos soldats dont le sang rougit l'herbe,

L'âme des invaincus qui sont tombés, superbes,
L'âme pure de nos héros.

Non, ils ne sont pas morts seulement pour la France,
Leurs yeux, en se fermant, riaient à l'espérance
D'un avenir de jours meilleurs.
Pour rapprocher le grand idéal de justice,
Ils ont tous consenti l'absolu sacrifice
Dont la récompense est ailleurs.

Lorsque vous renaîtrez, ô nobles cathédrales,
Gardez pour ces vaillants vos hymnes triomphales,
Soyez la voix de la cité ;
Que votre porche en deuil de lauriers se couronne,
Et que dans vos beffrois la cloche d'airain sonne
L'angélus de l'humanité.

Et toi, la plus noble victime,
Témoin martyrisé du crime
Qu'ordonna le César germain,
O formidable accusatrice
Qui porte sur tes cicatrices
Le sceau des bourreaux inhumains :
Basilique de Reims, sois le grand sanctuaire
Où dormiront en paix nos drapeaux mutilés ;
Que tes murs relevés abritent leur calvaire
Et l'offrent au Seigneur sous le ciel étoilé.

Que toute l'épopée sur tes voûtes s'inscrive,
Parfumant la légende au vent des encensoirs.
Nous enclorons nos deuils dans l'orbe des ogives,
Dans la rosace en fleur nous mettrons nos espoirs.
Mais devant ton portail la Vierge de Lorraine,
Crispant ses pieds d'airain sur les hauts étriers,
Jusqu'à la fin des jours étendra vers la plaine
L'oriflamme des lis que suivaient ses guerriers.
Nul ne pénétrera dans ton auguste enceinte
Sans avoir esquissé aux genoux de la sainte
Le rite adorateur du signe de la croix;
Car notre France à nous, c'est la France éternelle
Qui ne sépare pas dans son culte fidèle
Les vaillants d'aujourd'hui des héros d'autrefois.

LA MUSE DES DEUILS

Si tu nous rends un jour la maison de prière,
L'azur de ses vitraux et ses arbres de pierre,
Muse, nous rendras-tu le temple des ormeaux,
La chapelle des buis, le cénacle des chênes,
Les hêtres inclinés sur les pentes prochaines,
Comme des bras ployés inclinant leurs rameaux ?
Nous rendras-tu les grands paysages de France,
Les carrefours ombreux où dormait le silence,
Les frênes apostés au tournant des chemins,
Les vieux saules penchés sur le miroir des sources,

Les haies où le chevreuil, arrêté dans sa course,
Piétinait la feuille et bondissait soudain ?
De l'Yser glorieux aux collines d'Alsace
La rafale a passé, effaçant sur sa trace
Ce qui fut la parure idéale des bois.
Sous le profond labour de l'immense marée,
Nivelant les massifs de sa houle effarée
Elles ont disparu les forêts d'autrefois.
Le canon qui rugit et l'obusier qui brame,
Le tourbillon de fer et la nappe de flamme
Ont fauché les sapins au niveau du gazon.
La tempête a saisi les géants, les aïeules,
Et, comme des fétus arrachés à la meule,
Ils se sont abîmés au bord de l'horizon.
Les coteaux ravagés par la brutale emprise
Étalent le squelette aride de leurs flancs...
S'il n'est plus de forêts, où chantera la brise ?
Et s'il n'est plus d'oiseaux, que seront les printemps ?

LA MUSE DES GLOIRES, à la Muse des Deuils.

Douce compagne, sœur meurtrie,
Ostensoir des âmes flétries,
Hausse ton cœur, lève tes yeux ;
Laisse les fragiles verdures,
S'envoler dans un grand murmure
Et disparaître au fond des cieux.

Brave l'effort de la tempête,
Regarde !... Là-bas sur la crête,
Parmi les taillis arrachés,
Le pic dénudé se couronne
D'une forêt qui tourbillonne
A la place des bois fauchés.

Tendant ses bras, gonflant sa sève,
C'est la chênaie qui se soulève,
La chênaie de nos fiers soldats ;
Les fûts palpitants sont des torses,
Le sang gicle de leurs écorces,
Sous la mitraille qui s'abat.

C'est la forêt surnaturelle
Que surplombe, gardien fidèle,
L'esquif des avions géants.
Ce sont les ramures vivantes
Qui dévalent le long des pentes
Et comblent les ravins béants.

Forêt sombre, futaie humaine,
Lorsque ta houle se déchaîne
Remplissant le creux des vallons,
Toutes tes vagues confondues
Semblent des racines tordues
Qui s'accrochent au flanc des monts.

Quand la Mort, âpre bûcheronne,
A grands coups de cognée sillonne
Tes rameaux de fer hérissés,
Tu serres les rangs sous la trombe,
Et chaque fois l'arbre qui tombe
Par un autre arbre est remplacé.

Forêt rude, forêt tenace,
Ce n'est pas la brise qui passe
Sous la voûte de tes arceaux,
Ce sont les haines séculaires,
C'est le souffle ardent des colères,
Roulant de farouches échos.

Tu n'as pas de retrait, tu n'as pas de bocage,
Forêt d'hommes, qui puisse abriter le ramage
          Des oiseaux familiers des bois ;
Mais, sous l'épais fourré des mouvantes broussailles,
Au milieu des éclairs, dans la nue qui tressaille,
          On entend résonner des voix :

La Victoire en chantant plane sur la clairière !
C'est *le Chant du Départ* et la rumeur guerrière
          Qui gonflait les cœurs à Fleurus,
Les strophes de Chénier passent dans la tourmente,
Et, vêtue de rayons, une figure ardente
          Brandit le glaive de Brennus.

Allumant sa cocarde au reflet des fournaises,
Aux quatre vents du ciel rugit *la Marseillaise*
Dans un cortège de clameurs,
Tandis que, dominant la mêlée en furie,
Elle chante l'amour sacré de la patrie
Et l'âpre effort des bras vengeurs.

Dans le ciel embrasé que fouettent leurs coups d'aile
Elles rythment leur vol, les Muses immortelles,
Aux accents de l'hymne enfiévré.
Leurs sillons lumineux font flamboyer les cimes,
Et les deux nobles sœurs sublimes
Sont les oiseaux du bois sacré.

LA MUSE DES DEUILS, à Corneille.

Père, écoute la voix qui crie
Sortant du sillon déchiré ;
Écoute la terre meurtrie,
Entends ses cris désespérés.
Arrachant la verte tunique
Des bois, des prés et des labours,
Sur notre glèbe pacifique
La guerre s'acharne toujours.
Partout où va l'œuvre de haine,
Plus de champs, de monts, ni de plaine,
Rien qu'un chaos mouvant que draine

Le pied des chevaux écumants.
Rien qu'un grand squelette de pierre
Étalant dans les fondrières
La blancheur de ses ossements.
Ils ont assassiné dans leur morne furie
La terre des vaillants, des forts,
La France des aînés, la sublime patrie,
Et ses flancs dévastés n'enfantent que la mort.

LA MUSE DES GLOIRES

Ils enfantent aussi le levain des batailles.
Au fond de chaque trou fouillé par la mitraille,
Dans le gouffre béant des entonnoirs tressaille
La moisson de cuivre et d'acier.
La France d'aujourd'hui c'est la grande semeuse
Qui sème à pleines mains dans sa marche orgueilleuse,
Mais le grain prodigué aux sillons qu'elle creuse,
C'est pour la bouche des mortiers.

C'est pour emplir sans fin vos actives mâchoires,
Canons jamais lassés, ouvriers de victoire
Dont chaque jet allume au fond de l'ombre noire
Une aurore aux reflets sanglants,
C'est pour les bons chasseurs de la bête de proie,
C'est pour la dent de fer qui déchire et qui broie,
Pour le gosier d'airain qui jusqu'au ciel aboie
Que poussent nos épis brûlants.

Achevant par milliers leur ardente genèse,
Dans l'usine géante et la coulée des braises,
Les obus, les shrapnells sortent de la fournaise
      Pour assister nos défenseurs.
Des justices du sort adorons le mystère,
La main de l'étranger en éventrant la terre
Au plus profond du sol a creusé le cratère
      Qui vomira l'envahisseur.

CORNEILLE à la Muse des Deuils qui s'est agenouillée près de lui.

O Muse des douleurs, ô Muse des détresses,
Relève au ciel tes yeux plus beaux d'avoir pleuré,
Mais serrant sur ton cœur le trésor des tendresses,
Demeure à mes genoux, proche du sol sacré.
Dans le funèbre abri de la morne demeure,
Attentifs au fracas dont l'écho les effleure,
Tous ceux qui sont tombés attendent d'heure en
Le pieux souvenir et l'adieu des vivants ; [heure
Ils écoutent, pensifs, bruire le choc des armes.
Tant que résonnera le canon des alarmes,
Épanche à flots pressés la source de tes larmes,
Épargne à nos martyrs les oublis décevants :
A demi redressés dans leur linceul de gloire,
Ils ne se coucheront qu'au jour de la victoire.
Dessine jusque-là le geste expiatoire,
Et qu'enfin le sommeil les surprenne rêvant.

(A la Muse des Gloires.)

Mais toi, fille de mes entrailles,
Conseillère faite à ma taille,
Muse des ardentes batailles,
J'implore ton dernier secours.
O vierge, ô déesse, ô guerrière,
Comme le convive de pierre,
Pose la main sur ma paupière ;
Enfant, rendors-moi pour toujours,
Et qu'à tes compagnes divines
Au chœur sacré des héroïnes,
Dans leur cortège éblouissant,
Parmi les sphères étoilées
J'apporte l'écho des mêlées
Et des bataillons frémissants !

LA MUSE DES GLOIRES

Père, sois obéi ! sur ton front qui se penche
Je vais poser le sceau de l'éternel sommeil,
Mais, dans l'azur profond ouvrant son âme blanche,
Ton âme aura bientôt un céleste réveil.
Alors, dans l'auguste cénacle
Où gardent la foi des oracles
Tous les vaillants des anciens jours,
Dis à la phalange immortelle
Que, vigilante sentinelle,

Notre France est debout, toujours !
Dis à Carlos, dis à don Sanche
Qu'à notre poste de revanche
Nous brandissons leurs étendards,
Que pour la bataille sans trêve
Nous avons ressaisi leur glaive,
Maître des sublimes hasards.
Dis à Nicomède, à Rodrigue
Que leurs boucliers sont nos digues
Contre le barbare abhorré,
Et dis enfin au vieil Horace
Que, derniers enfants de sa race,
Nous n'avons pas dégénéré !

4161. — Tours, imprimerie E. Arrault et Cⁱᵉ.

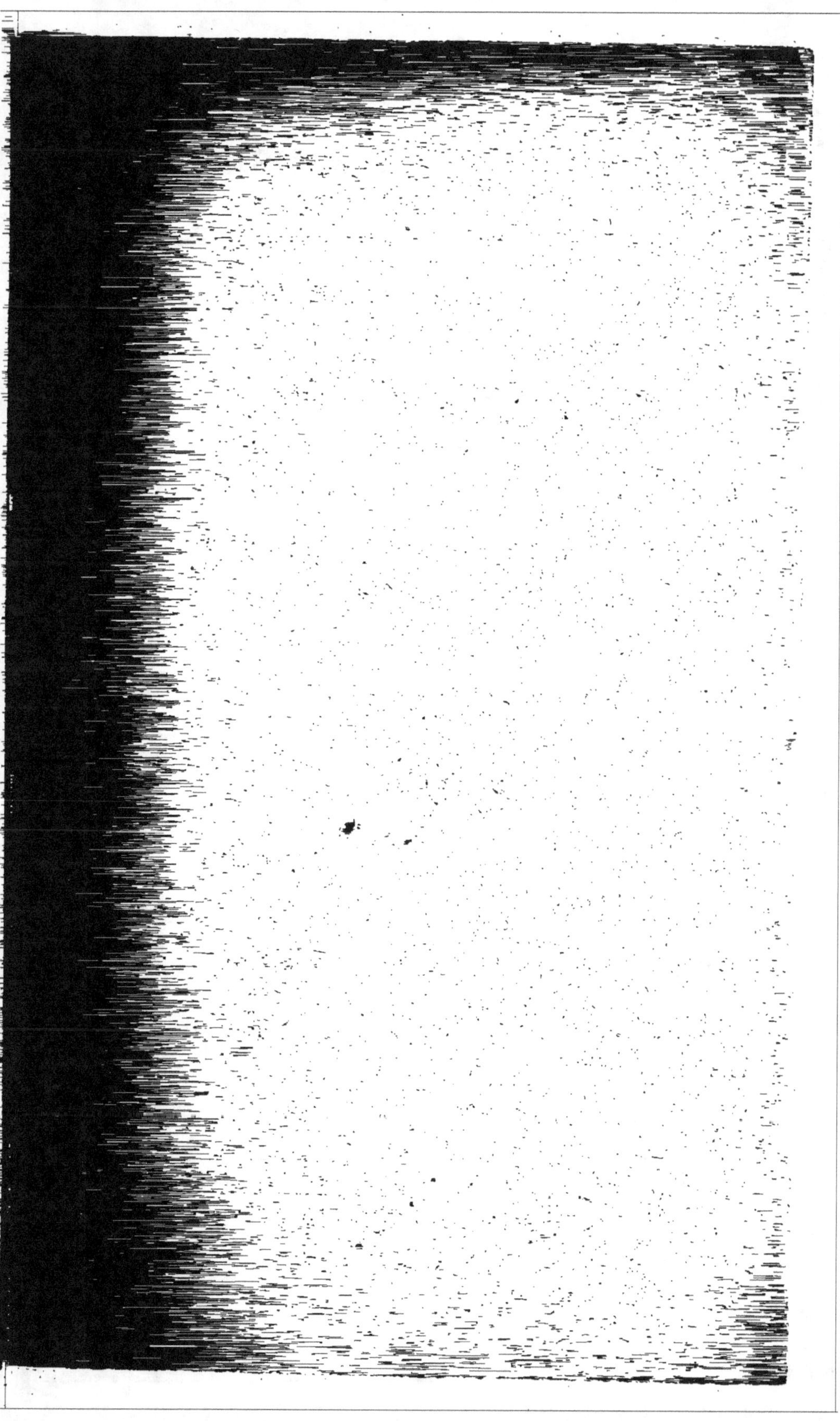

www.ingramcontent.com/pod-product-compliance
Lightning Source LLC
LaVergne TN
LVHW051126060726
842526LV00006B/1924